中华中医昆仑

谢海洲学术评传

张镜源◎主编

中国盲文出版社

图书在版编目（CIP）数据

谢海洲学术评传（大字版）/ 张镜源主编. —北京：中国盲文出版社，2015.12
（中华中医昆仑）
ISBN 978-7-5002-6871-0

Ⅰ.①谢… Ⅱ.①张… Ⅲ.①谢海洲（1921～2005）—评传 Ⅳ.①K826.2

中国版本图书馆 CIP 数据核字（2015）第 308720 号

谢海洲学术评传

主　　编：张镜源
责任编辑：倪　洋
出版发行：中国盲文出版社
社　　址：北京市西城区太平街甲 6 号
邮政编码：100050
印　　刷：北京华联印刷有限公司
经　　销：新华书店
开　　本：700×1000　1/16
字　　数：42 千字
印　　张：6.5
版　　次：2015 年 12 月第 1 版　2015 年 12 月第 1 次印刷
书　　号：ISBN 978-7-5002-6871-0/K·475
定　　价：12.00 元
销售服务热线：（010）83190297　83190289　83190292

丛书编委会

前言

中医药是中华民族的伟大创造，是世界医学宝库中的夺目瑰宝，数千年来为中华民族的繁衍昌盛作出了巨大的不可磨灭的贡献，至今仍是中国医药卫生事业不可分割的重要组成部分，在维护民族体魄康健、促进经济社会发展中发挥着不可替代的作用。

中医药学，是中华传统文化和科技文明的结晶，是勤劳聪慧的中华儿女在几千年生产生活实践中，在与疾病作斗争的过程中，创造的独具特色的医学科学体系。它有着浓郁的民族特色、深厚的文化底蕴和丰富的哲学内涵。经过一代又一代中医药传人、一辈又一辈名医大家的实践探索、薪火传承、总结完善、创新发展，逐步形成了系统的理论体系、独特的诊疗方法、丰富的医学内容、实用的制药技术。具有疗效确切、用药安全、应诊灵活、普适简廉和预防保健作用显著的巨大优势，在世界医学之林独树一帜，为人类的文明进步与医疗保健事业，已经并正在作出积极的贡献。

为了弘扬中华民族传统文化，彰显中医药学家的丰功伟绩，当代中医药发展研究中心与中国文学艺术界联合会、国家中医药管理局新闻办公室、中华中医药学会、中国中医科学院、北京中医药大学、世界中医药学会联合会等精诚合作，在国家中医药管理局的支持和指导下，为中华近现代百年来贡献卓著、深受敬仰的150位中医药学家，编撰出版了这部大型传记丛书。丛书采用评传体裁，记载他们的生平事迹、医术专长、学术思想、传承教育、医风医德、养生之道和突出贡献，使这些宝贵的医学成就和精神财富发扬光大，千古流芳。

丛书取名《中华中医昆仑》。昆仑山，被尊为“万山之祖”，柱西北而瞰东南，立中国而凭世界，凌驾乾坤，巍然屹立。以其高峻豪迈、绵延起伏的磅礴气势，寓意中华中医药学历史悠久、博大精深和永不衰竭；以其挺拔雄伟、高耸入云的恢弘气魄，彪炳一代中医药学家的丰功伟绩、杰出贡献和不朽勋业。

丛书入选传主，从全国范围推荐遴选，遍及中医药界各个领域。有临床家、理论家、药学家、教育家、医史文献学家；有名师亲授、世医家教、学派传人、院校毕业和自学成才者；有师徒并驾、父子齐名和伉俪联袂者。他们学术造诣深厚、诊疗技术精湛、临床经验丰富、学科地位崇高、科研成果丰硕、医风医德高尚、国内外影响较大，从医学理论到临床实践，为中医药事业的传承和发展作出了突出贡献，是近现代百年来中华中医药界的杰出代表。

丛书的出版，对于弘扬中华文化，振兴中医药事业，造就中医药人才，普及中医药知识，具有重要的现实意义和深远的历史意义。这是一项开创性工作，填补了我国为著名中医药学家大规模撰写传记的空白；也是一项抢救性工作，因入选传主已仙逝过半，许多亲历、亲见、亲闻的史料日见散逸，将之收集整理、编撰成书，功垂后世、利国利民；更是一项承前启后的工作，总结传主经验，传承中医药伟业，继往开来，光耀世界医学之林。这部医文结合，富蕴历史性、学术性、文学性和实用性的鸿篇巨制，对医疗、卫生、科研、教育及全球关注中华中医药文化的各界人士，都有重要的参考和阅读价值。

丛书的编撰出版，是一项巨大的中医药文

化建设工程，在策划、撰写、编辑、出版过程中，自始至终得到了国家有关领导、政府部门及社会各界人士的关心和支持。国家中医药管理局高度重视，并组织专家对全书进行终审；数百名专家、学者亲临指导，参与规划；有关省、市、自治区卫生厅、局、中医局（处）给予大力帮助；传主及其亲属、弟子热情支持、密切配合；撰稿人深情满怀、辛勤笔耕；编审专家尽心竭力、精工细琢；关爱中医药事业的企业家热心公益、慷慨资助；全体工作人员不辞辛劳、无私奉献，这一切使丛书得以顺利出版。对此，我们深表谢意。

由于时间紧迫和资料搜集困难，加之水平有限，难免有疏误之处，敬请广大读者批评指正。

中华中医药学，历史悠久，源远流长，发端于远古，奔向于未来。百年对于历史，不过是短暂的瞬间；百人对于万众，不过是沧海一粟。然本丛书所记载的百年百人，则无疑是波澜壮阔的中医药发展史上辉煌的篇章和光芒闪烁的璀璨星辰。

张镜源

目录

病人为吾师，患者亦吾友，病家乃吾衣食父母，胸怀恻隐，专攻术业，采众长，纳旁门，融会新知，昌吾中华之医药。

——谢海洲

谢海洲（1921—2005），当代著名中医药学家，河北秦皇岛人。曾任北京中医药大学教授，中国中医科学院资深研究员，中国中医科学院广安门医院主任医师、博士研究生导师，第一批全国老中医药专家学术经验继承工作指导老师。1990 年获国务院颁发的有突出贡献的专家证书，享受国务院政府特殊津贴。

谢海洲从医 60 余年，有深厚的中医理论造诣和丰富的临床经验。他深入研究疑难病证，制订有效处方，一生笔耕不辍，著述甚丰，为中医药事业的继承和发展作出了重要贡献。他曾说：“我们都是中医中药工作者，是这份祖国珍贵遗产的继承人。我们有责任响应政府号召，为继承这份遗产而认真地学习、研究、整理，并总结它的学理和实践经验，提高医疗水平，使中华医学更有效地为人民服务，这是我们光荣而艰巨的任务。”谢海洲勤奋治学、服务患者的精神和不凡的业绩是中医药事业的宝贵财富，他对中医药事业的贡献永存。

夙愿出家学　成才在北京

谢海洲出身中医世家，曾祖、祖父、父母和叔父俱以医为业。曾祖及外曾祖俱为清朝名医，曾经王尔烈（嘉庆皇帝的老师，时称“压倒三江王尔烈”）的介绍，到北京为宫中之人看病，并屡受赏赐。祖父是文医兼优的儒医，原本是一位秀才，做得一手好文章，只因科举未中，遂依家传而习医，并经营过两家药铺。谢海洲的父亲承继祖上医术，善治外科跌打损伤、痈疽疮疡，又长于内、妇、儿诸科，同时还能打丹、熬膏药、配制丸散。谢氏几代人悬壶济世，乐善好施，造福一方百姓，在当地很有名气，人皆称颂。生活在这样一个医家环境中的谢海洲，从小耳濡目染，潜移默化，慢慢也醉心医学，向往有一天自己也能像祖父和父亲那样治病救人。少年谢海洲心中渐渐萌生了学医的念头。

谢海洲的祖父除了看病外，还在家中课徒授业，看到自己的孙子聪明伶俐，且对医学颇有灵性，就指导孙子学医。祖父不但医术高明，对课徒授业也独具匠心。他为孙子制订了符合教育规律的读书目录和进度计划，让孙子循序渐进地了解中医，步步稳扎稳打，不至浪费时间走弯路。谢海洲的祖父主张先学《医宗金鉴·杂病心法要诀》，然后学程钟龄的《医学心悟》，参考《笔花医镜》、《医宗必读》；再学习《内经知要》，参考《灵素类纂约注》；回过头来学习陈修园的《伤寒论浅注》、《金匮要略浅注》，看《医学从众录》、《医学实在易》，背《长沙方歌括》。这种先《伤寒论》、《金匮要略》，后《温病条辨》的学习方法，北方民间医生大都相似，与南方医生先《温病条辨》，后

《伤寒论》的学习方法不尽相同。谢海洲十分重视背诵，能从头至尾背诵《医宗金鉴》和陈修园医书二十四种中的很多重点篇章。在祖父的严格要求和影响下，谢海洲到十二三岁时已能阅读《古文观止》及一些医书，并能背诵几十篇古文和《内经知要》等医书中的一些方歌和名段。俗话说，环境育人。在这样的家庭熏陶下，年幼的谢海洲学业不断长进。

“九一八”事变前，谢海洲的父亲因急性传染病故去。母亲进入山海关普济医院随外国季大夫（犹太人）学习西医，后来又随同季大夫到北京妇婴医院（教会医院）工作。1937 年 9 月，谢海洲初中毕业后来到北京。第二年，考入汇文中学。在校期间，他不但得到了国文教师李戏鱼、高庆赐的赏识，还得到了寒暑假在学校图书馆工作的机会。在汇文中学三年，谢海洲打下了良好的国学功底。

从汇文中学毕业后，谢海洲留校教授国语

课。但他念念不忘的还是祖父和父亲的功业，希望有一天能够继承祖业，悬壶济世，所以私下里继续攻读医书。

此后，他又考入国立北京大学农学院，学了两年日文。因一个偶然的机会，谢海洲结识了深谙医学又善于奖掖后学的周军声老师。在周老师的帮助下，谢海洲自学了同仁会与上海博学会编的西医著作。更值得提及的是，经周老师介绍，谢海洲拜京都名医赵燏黄先生为师。赵先生是本草学专家，而且对文献学、文史版本考据学、校雠学以及文物鉴定学都很有研究。赵先生不但为谢海洲提供了许多医药图书，并指导阅读，还常常为他修改文稿，使他在本草学方面打下了良好的基础。几十年来，谢海洲一直追随赵先生，受益良多。他几乎每个星期都去赵先生家拜访求教。正是由于赵先生的亲自指导，谢海洲在药学方面才能够登堂入室，日后成为中医药专家。

赵先生对谢海洲的影响不仅在学业方面，谢海洲能够走上内科临床，也得益于赵先生的推荐。有一次，谢海洲去赵先生家拜访，赵先生正在会客，客人是医学界大名鼎鼎的徐衡之先生。徐衡之是上海新中国医学院教师，他学识渊博，临床经验丰富。谢海洲与之相识后，两人得以互相问难，探讨医理。这使谢海洲开阔了眼界，提高了中医学术水平。

1947 年，谢海洲参加了南京考试院山东河北考诠处的中医师录取考试。在口试考官萧龙友先生面前，谢海洲从容自若，对答如流，得到了萧龙友的欣赏和赞誉。谢海洲以优异的成绩取得了行医执照。悬壶济世，夙愿得偿，谢海洲开始了行医生涯。

此后，谢海洲一直活跃在中医药的临床、教学、科研各方面。他曾帮助陈慎吾、胡希恕办学，担任本草方剂的讲师。北京中医学院（1996 年更名为北京中医药大学）成立后，谢海洲在中药教研室工作。在他的努力下，学院办起了首届中药研习班，取得了很好的效果。后来，他又草创炮制制剂教研组。1975 年，谢海洲被调到中医研究院（2005 年更名为中国中医科学院）广安门医院工作，他的工作重心由教学转移到了临床。直到去世，他一直在广安门医院从事临床、教学等工作。他将自己一生所学应用于临床，造福病人；教授给学生，使中医事业薪火不断。

临床有奇术 “三法”尤见长

谢海洲虽然从事本草研究多年，但始终不愿放弃临床，并力求做到临床、教学、科研三位一体。他认为，仅有丰富的药物学知识是不够的，还要有临床体会，医药并茂，方为上工。谢海洲一生谦逊，自认未达“上工”水平，但毕生都在朝这方面努力。

在几十年临床实践中，谢海洲总结出自己独特的习医心得，并将其归纳为两点：一是脾肾为人之本，二是气血是人体活动的物质基础。

谢海洲常说：人以正气为本，尤其要重视肾为先天之本、脾为后天之本的重要地位。肾为先天水火之脏，元阴元阳之所居，命门所系，元气之根，是一身气化之源，其为“封藏之本，精之处也”(《素问·六节藏象论》)，能藏精、生髓、主骨、充脑，故为“作强之官”。肾主水液代谢，司生殖发育，为人体生命活动之动力，抗御外邪之源泉。肾的功能关系到全身脏腑，肾病必影响其他脏腑，而其他脏腑病变，后期也必影响到肾，所谓“久病及肾”，动摇根本。但先天之本的肾又必赖后天之本脾的营养。人生之后，先天之源已断，则赖后天水谷精微之气补充。故《黄帝内经》指出：“胃者，水谷之海，六腑之大源也。五味入口，藏于胃，以养五脏气。”“五脏者，皆禀气于胃，胃者五脏之本也。”李东垣曾指出：“真气又名元气，乃先身生之精气也，非胃气不能资之。”说明了后天脾胃对先天元气的作用。人不仅在生长发育中赖后天水谷之精荣养，而且在病理情况下亦赖脾胃健运方能祛除外邪，扶助胃气，恢复脏腑功能。况且，不仅水谷由脾胃受纳运化，而药物亦赖其吸收输布。临证时尤应注意胃气的存亡。“有胃气则生，无胃气则死。”治疗上宜顾护胃气，如“浆粥入胃，泄注止，则虚者活”，乃其胃气来复。

谢海洲认为，气血是脏腑生理活动的物质基础，也是病理变化的依据。调养气血为摄生之首务，论治之中心。“血气为神，要在疏通。”《黄帝内经》指出，“人之所有者，血与气耳”（《素问·调经论》）。又说：“人之血气精神者，所以奉生而周于性命者也。”（《灵枢·本脏》）人体一切生理功能的完成皆赖气血充盛。所以“血气者，人之神，不可不谨养”（《素问·八正神明论》）。脏腑功能正常不仅在于气血充盛，且贵在气血通调，如日月之运行不休，“如环之无端，莫知其纪，终而复始”（《灵枢·脉度》）。若外邪侵袭或脏腑失和，则气血运行失调，发生病变，并进而引起各个脏腑功能异常。《素问·调经论》云：“气血不和，百病乃变化而生。”朱丹溪也指出：“气血冲和，百病不生；

一有怫郁，百病生焉。”临床中谢海洲常引用王清任的话说：“治病之要诀在明白气血。无论外感内伤，要知初病伤人何物……所伤者无非气血。”故凡病必有气血失调。其在表者，必是营卫失和；其在里者，则是脏腑之阴阳气血不调。轻者在气，重者入血；轻者气血不畅，重者气血瘀滞，甚则形成积聚。诸般病证由此而生。

基于上述认识，并且在大量的临床总结之后，谢海洲临证时在“八法”的基础上，以扶正培本、活血化瘀、清热解毒三法为习用之法。

“三法”之一者：扶正培本。谢海洲认为，扶正培本属八法中补法范畴。扶正者，扶助正气，补益气血阴阳；培本者，培补脾肾。张景岳曾说：“世未有正气复而邪不退者，也未有正气竭而命不倾者。”可见，治病之关键在于扶助正气。谢海洲常以扶正培本来增强抗病能力，祛邪外出，在临床上主要用于虚证和虚实夹杂证。对体弱老人、久病、产后等正气不足者，谢海洲认为，不可徒攻其邪，以致邪未去而正又竭，病未除而人先危。邪势猖獗，若已伤正，也毋忘顾护正气。

谢海洲认为，在应用扶正培本之法时要抓住三个要点：一者益气血；二者补阴阳；三者明生克制化。

第一，益气血重在补脾。脾为后天之本，气血化生之源，只有脾气健运，才能化源充足，益气生血。而且脾有统血之功用，脾虚失其统摄血脉之力，则多有出血之患，而且出血又能加重血虚。所以出血之证必须健脾益气，方能使血归于经。对于气血两虚或气虚不摄血，谢海洲从补脾入手，用当归补血汤或归脾汤加减常获良效。在补益气血中注意气血相互依存的关系。血瘀时行气以活血，血虚时益气以生血，大出血时，注意“有形之血不能速生，无形之气所当急固”，故有用独参汤之举。同时注意血对气的作用。“血不充盛则气无所藏，血失濡润则气易耗散。”李东垣创补中益气汤用当归“以和血脉”，谢海洲常在补气时佐入当归等血分药，取“血为气母”之意。曾有一女售货员，由于剧烈劳动导致月经不调。月经每次行十余日，停二日又行十余日，色淡量多，症状逐月加重，妇科诊断为“功能性子宫出血”。症见头晕乏力，纳呆，恶心，呕吐，眠少多梦，心悸气短，恶风寒，不发热，虚汗过多，腰痛，浮肿。谢海洲望之面色苍黄、消瘦、神倦、目不欲睁，舌淡边剥，苔薄白，目肿；闻之气短不接；切之脉沉细尺弱，下肢浮肿。辨证为中气不足，血海不固，统摄无权，遂予黄芪、白术、党参、炙甘草、升麻、陈皮、柴胡、山药，以补气摄血。3剂后患者血即止，精神、饮食、睡眠好转，浮肿、虚汗解，但仍腰酸乏力，心悸气短，舌淡边剥，苔薄白，脉沉细。遂以四君子汤加百合、山药、桑椹、女贞子等，补气养血，益心健脾补肾。后随访6年余，一切正常。

谢海洲解释说，崩漏之病，本乎一症，在病势上有缓急之分，二者可相互转化。关于治疗，如见血即用大队止血药，非但徒劳无益，反而会延误病情。此例患者乃中气不足引起发病，为气不摄血，冲任不固，治疗中不用任何炭药止血，而用举元煎、四君子汤、补中益气汤、归脾汤等加减，既助阳又益阴，既补气又养血，使中气健，气血摄，则血自止。

第二，补阴阳应当益肾。肾为元阴元阳之所居，五脏阴阳之虚衰皆影响肾之阴阳。故凡阴阳虚衰之证，应当注意益肾。张景岳说："善补阳者，必于阴中求阳，则阳得阴助而生化无穷；善补阴者，必于阳中求阴，则阴得阳升而泉源不竭。"故肾气，右归之中以六味补阴，桂附温阳，所谓水中补火；左归之中熟地黄、山药、枸杞养阴，又伍以鹿角胶、菟丝子之温肾，以防阴凝不解。

一妇人，31岁，两年前因产后大出血致乳房萎缩，经闭不行；近两月来又毛发脱落，性欲全无；兼见气短心悸，失眠健忘，腰酸畏寒，手足逆冷，全身痿软，舌淡胖无苔，脉沉细无力。西医诊断为“席汉综合征”。谢海洲辨之为肾气虚损，气血大亏。投以扶正培本、补肾养血之剂，方用当归、熟地黄、五味子、山茱萸、川芎、仙茅、菟丝子、淫羊藿、黄芪、白术、沙苑子、枸杞、牛膝，药服40余剂而愈。

在解释病例时谢海洲说：该例用当归、熟地黄、五味子、山茱萸等滋阴养血的同时，合以温阳益气之二仙、黄芪，以《黄帝内经》阳中求阴，阴阳互生而得生生不息之法，以求复其自身生化之妙，遂使虚衰大证起而复兴。

谢海洲在补肾时，还特别重视肾与脑髓的关系。他依据中医理论指导，将一些脑、脊髓等中枢系统疾患归于脑髓，而将一些造血系统疾患归于骨髓，提出了补肾养脑生髓的治法，自拟“补肾养脑汤”（紫河车、龙眼肉、桑椹、熟地黄、当归、赤芍、白芍、丹参、茯苓、太子参、生蒲黄、石菖蒲、郁金）和“补肾生髓汤”（紫河车、熟地黄、龟甲胶、党参、黄芪、黑桑椹、制何首乌、黄精、当归、仙鹤草、砂仁、鸡血藤），收到一定疗效。

第三，补脏腑注意生克制化。调补脏腑的基本原则即《难经·十四难》指出的：“损其肺者益其气；损其心者和其营卫；损其脾者调其饮食，适其寒温；损其肝者缓其中；损其气者益其精。”根据各脏腑的特点及其虚衰情况进行调治。尤其应注意各脏腑间生克制化的相互关系，特别是相生的方面，即所谓“虚则补其母”的间接补法，如培土生金、补火助土、滋水涵木等。相互资生中最重要莫过于先后天之本的作用。因脏腑生机在肾，补养在脾，故临证诊病，先察脾胃是否健旺，继思气化是否正常。脏腑失调、脾肾俱虚时，先补脾以资化源，后益肾以固根本。

谢海洲在大量应用扶正培本法时也常告诫弟子们注意以下几点，明辨虚实。一是注意“大实有羸状，至虚有盛候”，不犯虚虚实实之戒，根据病情分别选择不同补法。如病势急迫，气血暴脱，宜用峻补，且应补足，使药效持续方能挽救于万一。否则，药性一过，元气复脱，则功亏一篑。而对于慢性病，则宜用缓补之法，须日积月累，至一定时日始见功效，不急于求成或浅尝辄止，防止补药之弊。壮阳之剂久用易生虚火，宜少佐柔润之品，滋阴之品多用腻膈碍胃，宜酌加理气和胃之药。务使补气不壅中，养阴不碍胃，方能补而得效。

二要注意“虚不受补”。“虚不受补”或因脾胃虚弱，补而不适；或因遣药不当，过于壅滞；或因夹有余邪痰浊。正如陈实功所说：“受补者自无痰火内毒之相杂；不受补者，乃有阴火湿热之相攻。”（《外科正宗》）故常根据情况，或予调理脾胃，或选用平补、清补、缓补之法，或先祛内停之痰浊湿热，方能奏效。

三要注意时令剂型。《黄帝内经》有“春夏养阳、秋冬养阴”之说，服药之时令也需注意。谢海洲认为，立冬至春分的四个月乃万物闭藏之时，人合天地阴阳，气血固摄于内，又少化火滞气之弊，是服补剂的最好时令。而且慢性虚证又非一汤一药所能马上奏效，故常配以膏丸之剂调理，久用方能收功。

四要注意食养摄生。扶正培本不可专恃药饵，“药能治病，未能补人”；“病去则养之”。《黄帝内经》提出：“谷肉果菜，食养尽之。”这是值得认真领会的。

“三法”之二者：活血化瘀。活血化瘀法是针对血失条达的瘀血病变提出的一种治法。活血即疏畅血流，化瘀即消散瘀滞。谢海洲认为，瘀血的形成与既往病有很大关系，如病人既往有外伤和手术史，则极易损伤脉络，形成瘀血。

有出血史者，各种内外出血皆可使血溢脉外，形成瘀血。病程较长者，“久病入络”，由气及血会导致血行瘀滞。

瘀血证的病人临床症状比较典型，主要有以下几组表现：疼痛，刺痛样感，痛有定处，拒按，或者是有肿块；胸腹满闷，“欲蹈其胸上”；发热或身觉烦热而体温不高，但也随瘀血部位不同而各异，如“瘀血在肌肉，则翕翕发热”；口燥，但欲嗽水不欲咽；皮肤粗糙，甚则甲错，颜色黯黑或出现瘀点、瘀斑，或面颈部出现红丝赤缕或掌色暗红，或唇甲紫绀；大便色黑而润，或如柏油样；有的会有出血；精神方面出现健忘、发狂等症，“血在下如狂，血在上善忘”；月经不调，经色紫黑有块或痛经，等等；脉象沉细弦涩或结代；唇舌暗红或发紫，甚或紫蓝，或有瘀点、瘀斑，舌下脉络粗大，曲张色暗。

对于以上诸多症状，谢海洲最重视舌象的

变化，因为气血的微小变化从舌质上反映最早。

谢海洲常用此法治疗外伤后遗症。他吸收了伤科治疗跌打损伤的经验，受七厘散、紫金锭、回生第一丹等方启发，自拟“脑震荡后遗症方”，药用苏木、刘寄奴、鬼箭羽、土鳖虫、菖蒲、豨莶草、鸡血藤、泽兰、赤芍、川芎等。

对于各种疼痛患者，谢海洲也常用活血化瘀之法。唐容川说：“凡是疼痛皆瘀血凝滞之故也。”举凡痹证、心腹疼痛、胃脘痛、头痛等都是不同部位的气血凝滞，故常以活血化瘀法治之。但应注意所在脏腑及夹杂病邪的不同，配合不同方法，选择不同药物。

谢海洲还在临床中用活血化瘀法治疗各种风证，包括内风、外风，主要指肝风内动引起之眩晕、头痛、口眼㖞斜、震颤抽搐，甚至突然昏仆等症。风窜经络则可引起麻木瘫痪、半身不遂。无论内风、外风，当先从血脉论治，故有“治风先治血、血行风自灭”之说。外风当兼行血活血，内风则宜养血活血，且内风多兼脏腑阴阳之失调，或夹痰浊为患，应合用他法，方能十全。

谢海洲的病人中患血证者很常见，如出血和发斑。唐容川说："凡系离经之血，与养荣周身之血已睽绝而不合……此血在身，不能加于好血，而反阻新血之化机，故凡血证总以祛瘀为要。"治疗各种血证，如白血病、再生障碍性贫血、血小板减少等，并非一味补血止血，而是据证配合活血化瘀之法，选用作用较轻的活血化瘀药或祛瘀止血之品，如牡丹皮、赤芍、生蒲黄、茜草、三七等。

谢海洲认为，久病的患者必然会出现由气及血、由经入络的病理转机，引起血行瘀滞。叶天士在其医案中多次谈道："经几年宿病，病必在络。"周学海亦引叶氏之说认为："凡大寒大热病后，脉络之中必有推荡不尽之瘀血。"许多慢性病后期多有血瘀的病理变化。如《金匮要略·血痹虚劳病脉证并治》之大黄䗪虫丸证出现“内有干血、肌肤甲错、两目黯黑”之干血痨证，即是五脏虚劳，引起经络营卫气伤而致的瘀血现象。这既是许多慢性病出现虚实夹杂的原因，也是一些虚证补之不当或虚不受补的原因之一。对这类病证谢海洲采用补中有消、消补结合或以消为补的治法。他认为，活血化瘀法是以通为补的方法，久病虚实夹杂皆可用之。大黄䗪虫丸即是一个“缓中补虚”的良方。

在治疗癥瘕积聚时，谢海洲喜欢选用祛瘀力强兼有软坚化积作用的药物，如鳖甲、丹参、王不留行、三棱、莪术等。癥瘕积聚都是气血积滞而成。《灵枢·百病始生》指出：“凝血蕴里而不散，津液涩渗，着而不去而积皆成矣。”王清任也说：“结块者，必有形之血也。血受寒则凝结成块，血受热则煎熬成块。”此外，谢海洲还特别喜用虫类药，如虻虫、水蛭、䗪虫、鼠妇等。他认为，此类药善走窜入络，通经破瘀之力甚强。这与叶天士主张“通络之法，每取虫蚁迅速飞走诸灵”之意相合。

对于妇人病，谢海洲也很有见地。他说，妇人以血为先天。肝藏血，若肝气郁结，失其条达，则经血不调，或经产之后血络受损，调护失当，均可引起经带胎产诸病。如经闭、痛经、月经不调、不孕症、慢性盆腔炎等均可用活血化瘀法，但常需与疏肝理气药合用。选药时多选用兼有调经作用之活血化瘀药，如当归、牡丹皮、赤芍、五灵脂、香附、延胡索、蒲黄等。

某女，27 岁，进晚餐后突然左胁下刺痛，不敢深呼吸，不敢动，动则疼痛难忍，入夜痛甚，影响睡眠；末次月经色黑有血块，伴痛经。遂来就诊。谢海洲望之，见其痛苦病容，泪流满面，舌暗微紫、苔白；闻之断断续续低声呻吟；以手按左胁下，患者言痛，切脉沉弦。

谢海洲辨此证为气滞血瘀，故治以理气活

血、祛瘀通络，予降香、延胡索、郁金、乌药、白芍、苏木、九香虫、沉香，两剂而愈。谢海洲解释说，肝主疏泄，暴怒伤肝，肝失条达，而致疏泄不利。是知胁痛之辨证当以气血为本。此例刺痛，痛有定处（左胁部），属于瘀血无疑，但既不是瘀血癥疾，又非单纯的肝气郁结。根据“气为血帅”，“气行则血行”，用沉香降气，郁金行气，乌药顺气，九香虫理气，延胡索利气；以降香散瘀，苏木行血，白芍养血柔肝，缓急止痛。气滞得通，瘀血得散而痛解。

在应用活血化瘀法时，谢海洲常告诫弟子注意以下关键的地方：

第一是气血关系。气为血帅，气行则血行。活血化瘀中佐入行气理气之品，虚证宜加益气之品，冀其推动血液运行。

第二是辨虚实。血瘀一证，局部观之属实，整体又多兼虚，注意祛瘀不伤正，补虚不留瘀。

第三需分清寒热。予以温经散寒或清热凉

血之法，切不可泥于“温则行之”，而一味使用温热药；也不可拘于“遇寒则凝”，而忌用寒凉药。

第四要明确部位。谢海洲临床依瘀血部位不同，分别选用不同方药。头部常用通窍活血汤或自拟“脑震荡后遗症方”，胸膈以上及两胁用血府逐瘀汤、复元活血汤及旋覆花汤等，腹中用膈下逐瘀汤，脐下用少腹逐瘀汤或当归芍药散，半身用补阳还五汤，关节痹痛用身痛逐瘀汤等。

第五要明辨瘀血轻重。一般瘀血不畅，行血活血即可；瘀血内停者，活血祛瘀；形成癥瘕痞块，则应用消癥瘀通经之法。

第六根据病情配合他法。正虚者，扶正祛瘀；出血者，止血祛瘀；兼寒者，散寒祛瘀；夹热者，清热祛瘀；有痰者，化痰祛瘀；因湿者，渗利祛瘀；有肿毒者，消肿祛瘀；积块者，软坚祛瘀；妇人者，通经祛瘀。

“三法”之三者：清热解毒。谢海洲将清热解毒法分为清热和解毒两方面，两者互相渗透，密切相关，临床应从“热”和“毒”两方面理解本法。热证，临床观察火热颇多。《黄帝内经》病机十九条中属火属热者占九条，几近一半。故刘河间有“六气皆从火化”之说。凡引起人体上下、内外、表里脏腑阴阳失调、阴虚阳盛者，皆可形成火热之证。毒之为病古人多指药毒、食毒及蛊毒等，以后则邪毒并称，有所谓火毒、热毒、湿毒、水毒、血毒、温毒等。今人将癌肿病因称为癌毒。可见，毒的概念甚广。谢海洲认为，凡邪之甚者，重伤气血或伤及脏腑组织出现红肿、糜烂、溃疡等症，皆可谓毒。毒与火热有关，并非凡毒皆属火热。清热解毒法是指清解热毒而言的。

谢海洲将热毒的临证特点归纳为五：第一，一般表现。程钟龄将热证特点归纳为“口渴能消水，喜冷饮食，烦躁，溺短赤，便结，脉数”。其他如身热、面红目赤、皮肤黏膜发红、头痛头晕等症也常出现。第二，组织损伤。火邪热毒易灼伤内外脏腑组织，引起局部红肿、糜烂、溃疡或形成脓肿。第三，血证明显。迫血妄行引起各种出血发斑之证。第四，神志症状。引起心神不安，烦躁不宁，重则热毒入心，邪闭心包引起谵语，或热极生风出现痉厥抽搐之症。第五，舌脉表现。舌多红绛或暗红，舌苔黄腻，或光剥，或焦黑起刺，或燥裂少津；脉多疾数有力或疾促细数等。

谢海洲在临床中最常用清热解毒法的是治疗痈疡，凡出现痈肿疮疡组织损伤之属于阳证者皆用此法。内痈之证配合活血化瘀排脓之法，如肺痈以千金苇茎汤合桔梗汤加赤芍、鱼腥草、薏苡仁等，慢性发作常合当归芍药散加减。

对于热毒伤及脏腑、气血者，谢海洲亦用此法。他认为，首先应辨其部位，分别采用清气凉血或清脏腑热毒等治法。若热毒在血，则凉血解毒，并辨明虚实，调理脏腑阴阳，一般常用犀角地黄汤加减。因犀角国家法律已明文禁用，又常以水牛角代之，亦有其效。若热毒伤及脏腑经络，则应辨明所属，结合生理、病理特点立法用药。

对于大家谈之色变的癌症，古籍中亦早有记载，最早见于宋《卫济宝书》。其发生原因一般认为由于外感邪毒、七情郁结、饮食起居失节引起脏腑气血失调或痰湿瘀毒等积聚而成。谢海洲治疗癌症重视清热解毒法，并根据癌肿部位、性质及兼夹邪气，以整体观为指导，配合扶正培本、活血化瘀等法综合治疗。如白血病，初期或复发时，正气尚可，而邪毒又甚，表现为幼稚细胞极度增多，全身热毒证候明显，以清热解毒为主，扶正培本为辅。缓解期则以扶正培本为主，清热解毒为辅，活血化瘀相机而兼用。清热解毒药常用青黛、龙葵、雄黄、墓头回、芦荟、重楼、白花蛇舌草、黄药子等。

谢海洲在应用清热解毒法时，强调要注意以下两方面：

第一要注意热毒的轻重，顾护脾胃。因清热解毒药多苦寒之品，易伤胃气，佐入健脾和胃之药，对于脾胃虚弱者尤应慎重。

第二要正确对待“炎症”。“炎症”虽多属热证，但亦不尽然，而热证也并非皆是“炎症”，切不可一见“炎症”即清热解毒。反之，某些清热解毒法有消炎抗菌作用，但并非清热解毒仅是消炎抗菌，更不能把清热解毒药物当成抗生素使用。抗菌消炎和清热解毒是中西医两个不同概念，不能混为一谈。

谢海洲常说：此扶正培本、活血化瘀、清热解毒三法寓有举一反三之意，说明只有重视实践，才能对学术问题深入探求。实际上，临证要圆机活法，因病证变化无穷，治法岂能有限。若死守“三法”，恰似削足适履，亦无异胶柱鼓瑟。程钟龄说：“一法之中，八法备焉；八法之中，百法备焉。”各法配合方能万举万当。不同疾病固然用不同治法，即使同一疾病，亦非能以一法同治。应根据辨证论治原则，针对不同病机，确立不同治法。另一方面，治法虽贵在灵活，然在辨明证候、确定治法之后，还要执持定见，不可朝秦暮楚，随便易法。灵活与定见似相反而实相成。不灵活则难以应万病之机，无定见则难以收施治之效，而灵活、定见又都以辨证准确为前提。

情志及脑病　治则有新法

谢海洲自从调至广安门医院后，一直从事一线临床和教学工作，充分发挥他在内、外、妇、儿等各科的所有特长。尤其是西医难以解决的情志病、脑病、痹证等，谢海洲治疗起来总能获得很好的疗效。对癫狂病、痫证、郁证、脏躁证、百合病、失眠症等情志病，他也有很深的造诣。

谢海洲认为，情志病虽然病名各异，但总的特点是病证缠绵，兼证复杂，变化多端，用一般的诊治思路和方法难以把握，需要抓住辨证之本，明确治神调脏之别，用“以变应变”之法施治。

治心调神是治疗癫狂病的总则。谢海洲重

视心神对情志病的主导作用，自创了治心安神、补肾荣脑、通髓健脑等治则。他认为，情志病不宜纯补峻泻，当以调治为妥。古人有峻泻疗狂之法，乃对急症而立，而今临床所见，癫狂病多慢性者，切不可贪求急功，妄投猛剂。

对于以失眠、烦躁不安、神志异常为主症的慢性癫狂患者，临床可见思维逻辑混乱、语无伦次、情感失控，或伴有幻听幻视，或避人不语，脉滑，舌红等，谢海洲常以清心法与镇静、化痰、解郁法同用。一位 27 岁男青年吴某，因情志不遂而致失眠、烦躁、不时恐惧达 7 年之久，喜独居寓所，忧心忡忡，心悸，纳呆，舌尖红，脉弦滑，诊断为癫证。谢海洲以清心解郁、镇静安神之法治之，予栀子、豆豉、黄连、白芍、淡竹叶、莲子心、夜交藤、菖蒲、郁金、白薇、陈皮、炒枣仁、柏子仁，7 剂治疗后诸症皆减，但仍多梦易烦。于是加生龙骨、生牡蛎、灵磁石再进，守法治疗数月后，患者病情平稳，恐惧感消失。

除清心之外，谢海洲还遵仲景益阴安神之意，以养心安神作为治疗癫狂证的主要法则。《金匮要略》治百合病、脏躁证喜用平和甘润之品，如百合、生地黄、知母、浮小麦等，谢海洲将之用于治癫狂证夹有阴伤之兆者。

谢海洲曾治一女大学生，两年前因高考过度用脑导致精神恍惚，失眠焦虑，无故悲泣，烦闷，情绪低落，不能看书，舌质淡，脉沉细。谢海洲辨其证属过用心力，心阴损伤，神失其养。治以养心安神，解郁除烦，兼以清热醒脑法，予百合、生地黄、知母、炒酸枣仁、郁金、石菖蒲、浮小麦、炙甘草，药后效果明显。

癫狂证以神志变化为主症，兼有诸脏腑症状变化者，治多从调神着眼，佐以协调脏腑；而郁证、痫证非发作期及癔证、百合病、脏躁证、失志病等以五脏系统症状为主，兼有神志变化，当以调和五脏为主，佐以安神之法。

谢海洲认为，调治脏系尽管较繁，但只要掌握上下竖调心肾、左右横调肝脾、随证变化而加减，则用之可谓有矩可循。心肾二脏的生理、病理功能是密切相连的，心神与肾精又是相互依存来完成人体精神情志活动的。神虽藏于心，但本于肾；志虽舍于肾，而本于心。精血和，神志才能正常。肾精上承滋心血，养神明。若精衰则神祛，神难守舍。肾舍志，精充则志坚，精衰则老弱，甚者神乱而使志不明。

情志病证很多从心肾二脏失调而现诸症，抓住调治心肾二脏系，即从疾病病性入手，调治肾水心火的失调以安神志。刘河间在《河间六书》中云："心火旺，则肾水衰，乃失志而狂越。"临床中常见的某些癫狂证、失眠证、脏躁证、失志证等出现以失眠、烦躁、身乱等为主症者，可从调治心肾入手，再配合诸安神之法而用之。

除了重视情志病辨证论治的整体观外，谢

海洲还强调临证注意情志病的一些特殊规律。如以《黄帝内经》五神藏理论为主要依据，五志归属五脏，各有其特点来指导临床。一年轻女性，说自己不会笑，已有半年之久，伴有胸闷欲哭，心烦易怒，经常多言不眠，纳差，神倦。脉沉数，舌质红，边尖尤甚，苔薄。谢海洲解释说，喜笑失控治在心，但也要辨其虚实。实则泻之，虚则补之。虚或为心阳虚，思虑伤神，劳心过度或心气不足，可使神明失养。也有心阴虚，或营血亏虚，阴精暗耗，阴不敛阳，心阳浮越，扰动神明。喜笑心志之征，见征可治心安神。此女患者属肝气内郁，扰动心神，脏神郁阻于中，心失其志，当以清心火、安神志、解郁宣通之法治之，予莲子心、栀子、豆豉、知母、郁金、石菖蒲、夜交藤、百合、琥珀粉。药后症减，时有咳痰。上法佐以化痰之品，连服 14 剂，患者神志正常，可以笑，除偶有心烦、胸闷外，余无特殊，能上班。

除了情志病外，治疗脑病也是谢海洲临床中的一大特色。面对中西医理论的相互碰撞，尤其是对脑病的不同观点，谢海洲在临床的基础上，做了大量的研究工作。他认为，脑是人体的重要器官，在人体的生命活动中起着重大作用。古人对此早有认识，如《素问》曰“头者，精明之府”。但从中医的基础理论来看，历代对脑的认识都是散在的，绝大多数医家遵“心者，君主之官也，神明出焉”之说，重心而轻脑，把脑的功能分类归于其他脏腑。数十年来，谢海洲通过对中医治疗脑病的研究，如对头痛、眩晕、中风后遗症、脑外伤后遗症、痫病等进行辨证论治，对脑的功能有了深入的认识。

谢海洲说，一提起脑主神明，就被认为是西方医学传入的观点，就是对传统中医理论的背叛，其实这是对中医理论认识不深刻的表现。他还说，我们的祖先对脑的认识既深入又全面，并且这些认识都是在西方医学传入之前就有的。所以“脑主神明”的观点并不与“心主神明”的认识相悖，两者应该是并存的。脑所主之神是广义的神，包括整个机体的外在生命活动和内在精神活动，起着决定性的作用；心所藏之神则指狭义的神，是广义的神的一部分，其功能是由“心主血脉”来实现的。“脑主神明”的功能需要血液以维持，从这个意义上讲，心与脑共同参与人体的精神意识活动。“脑主神明”的理论，对于几千年来专持“心主神明”之说不能不说是一个冲击，一个进步。近代临床医家张锡纯为了弥合心、脑神明之争，巧妙地指出：“盖神明之体藏于脑，神明之用发于心。”谢海洲认为，脑是精神思维活动的物质承载体，心、脑共同参与神志意识活动。以脑窍立论，并非要全盘否定“心主神明”论，而是想将二者有机统一，去芜存菁，将中医经典理论与现代科技发展有机统一，建立一种“以脑为主、心脑协调共主神明”的现代中医脑病认识观，以脑窍为中心，脑心协调，五脏统一，为切实可行地有效治疗脑髓神志病变等疑难病证建立一个稳固的理论基础，开创一条新路，这是中医基础理论研究的任务之一。

对于脑髓病的治疗，历代医家大多采用开窍法。开窍法亦称醒脑开窍法。“开”是开发、启闭的意思。“醒”既是名词，表示人体清醒的状态，神志、思维、意识正常；“醒”又是动词，表示苏醒、复苏，促使意识、思维、神志由昏愦、朦胧转为清醒的行为或过程。

根据历代医家的论述及自己丰富的临床经验，谢海洲认为，中医脑髓病的病因病机较为复杂，年老体衰、饮食失节、情志失调、劳逸损伤等导致脑、肝、肾、脾等多个脏腑功能失调、肾气亏虚、气血不足、髓海失充、脑失所养是其发病的重要基础，瘀、痰、风、火蒙闭心窍，上逆犯脑，清窍失灵，神明失用为其病理特征。其病位在脑，其本在肾。病属本虚标实，肝肾精血不足、髓海不充、脑虚神衰为本；血瘀痰浊风火阻塞清窍、脑失清灵为标。

谢海洲认为，经过几千年的医疗实践，“窍”的概念已经发生了根本性改变，由广义的泛指人体通达外界的孔窍，逐渐趋向于狭义的特指心窍、脑窍。“窍”不仅是一个解剖意义上的实质性结构，而且是有一定解剖定位的功能性脏器。它不是与某单一脏腑相对应的表里关系，而与内在多个脏器有广泛复杂的联系。脑为清灵之府，喜静恶扰，藏而不泻，宜伸忌郁。静则能发挥其神明之功，使人体精神、思维、意识和视、听、嗅、味、语言，以及肢体运动等正常而协调，以清明内持；动扰则掉摇散乱，无所适从。正如《奇效良方》所言：“脑喜静谧而恶动扰。静谧则清明内持，动扰则掉摇散乱。”表明脑窍的生理特性是保持清灵之性。脑窍病理变化纷繁复杂，涉及范围较广，见于头痛、眩晕、昏迷、闭证、脱证、中风、痴呆、痫证、癫狂、厥证、郁证、耳鸣（耳聋）、失语、痿证、虚劳、不寐、五迟等，其机理不外乎髓海空虚或脑失清灵两方面。补其不足或祛除干扰、恢复清灵是基本治疗原则。因此，开窍法在治疗上的定义由开通窍道、逐邪外出、强调祛邪为主，转变为促使神志清醒，恢复窍道清灵，补虚亦能开窍。临床中开窍醒脑法除用于治疗昏迷、中风、颅脑损伤、癫痫、血管性痴呆、弱智等中枢神经系统疾病外，还广泛用于脊髓疾患、精神分裂症、抑郁症等情志疾患，均疗效满意。

谢海洲提出，脑作为辨证之定位，并不意味着脑病一定单纯从脑论治，而应注重脑与全身脏腑气血的联系，治疗的从属关系要服从中医五脏相关理论的指导，服从人是一个有机整体的观念，临诊思路仍应以辨证论治和整体观念为纲。脑病不独治脑，着重辨证，又不忽视辨病，在辨证和辨病的基础上，权衡精当，方能得心应手。谢海洲论治脑髓病谨守病机，从实际出发，结合祛顽痰、化久瘀、清热祛邪等治法，尤其擅长补肾荣脑，补虚开窍；组方灵活，化裁古方新用，又自创新方补前人之不足。

患者董某，男，64 岁，患脑血栓一年余，伴记忆减退，意识不清，于 2003 年 12 月至 2004 年 3 月住北京某医院治疗。头颅 CT：颅内多发缺血灶，老年性改变，右侧上颌窦异常密度影，炎症可能性大。诊断为病毒性脑炎、陈旧性脑梗、2 型糖尿病、颈动脉支架后血管性痴呆，后求治于谢海洲。当时病人意识昏愦，不识家人，情绪激越狂躁，幻觉，欲往外跑、跳楼，头颈晃动，自言自语，善饥易哭，昼夜吵闹，家中不得安宁，二便尚可。脉沉弦，舌暗淡，苔厚腻。辨证为肝肾亏虚，血瘀内阻，痰火扰心。治拟补肾健脑，清热解毒，益气化瘀，祛痰通窍。药用制何首乌、枸杞、菟丝子、桑椹、黑芝麻、黑大豆、黄芪、川芎、丹参、赤芍、桃仁、红花、石菖蒲、夜交藤、莲子心、苍耳子、连翘、忍冬藤。服药 7 剂之后，患者情绪趋于平稳，不太急躁，精神好，有时可与人交流，面有笑容，狂躁减少，但仍自言自语，有痰，量不多，睡眠易醒，有时整夜不睡，白天有发作性头晕，甚则欲倒。纳食可，二便尚调。脉沉弦，舌红暗嫩。继续治以平肝开窍，养心安神，升清降浊，化痰醒脑开窍。礞石滚痰丸合菖蒲郁金汤化裁，方用郁金、石菖蒲、栀子、淡豆豉、茯苓、金礞石、莲子心、黄芩、沉香、白术、生地黄、知母、百部、夜交藤、百合。服药一个月后，发作性头晕欲倒已缓解，认识家人时间每天可达 5 小时，说话较前有条理；但口中仍喃喃自语，每每餐后 40 分钟症状加重，不识亲人，双目发直，喉中有痰，舌头打卷儿，睡眠差，时常昼夜不眠，服安眠药无效。脉弦缓，舌暗红嫩。拟化痰开窍、补肾健脑之法，药用茯苓、桂枝、白术、牡丹皮、炙甘草、桑椹、黑芝麻、黑大豆、制何首乌、炒蔻仁、郁金、石菖蒲、栀子、通草、连翘、煅龙牡、灵磁石、生姜、淡鲜竹沥水。服药一个月后，餐后病情加重症状有所减轻，夜间能入睡，大部分时间能认识家人，可进行简单的交流；但仍神不安，梦语较多，有时伴有哭喊呓语，白天仍时有喃喃自语，健忘，近期记忆障碍突出，出门仍不识路。脉弦缓，舌暗红。证属脾肾亏虚，痰瘀为患，清窍失用。上方去栀子、通草、连翘，加地龙、全蝎、土鳖虫，取四虫丸方义。虫类药善于入络搜剔，化久瘀、祛顽痰之力较强，对于痰瘀交结用之效显。服药月余，夜可安眠，能与家人进行简单交流，生活渐能自理，病情尚稳定。继用地黄饮子加减制成丸剂，长期服用，巩固疗效。

谢海洲认为，血管性痴呆乃脑血管病变所致的痴呆综合征，是脑血管病的主要并发症，为老年性痴呆的主要类型之一。中医很早就对本病有深刻的认识。相传汉代著作《华佗神医秘传》首次提出“痴呆”的病名。清代陈士铎在《辨证录》中谓之“呆病”。“呆”者，癫也；“痴”者，不慧、不明事理之谓也。

血管性痴呆的病因病机较为复杂，总由心、肝、脾、肾亏虚，气血不足，髓海失充，痰瘀阻闭，清窍失灵所致。其病位在心、脑，病根在脾、肾，属本虚标实之证。治疗以补益脏腑功能为第一要义，同时逐邪开窍至为重要，扶正祛邪并重，二者不可偏废。

该患者中风以后，脑络瘀阻，气血精气不得上输，痰浊瘀血混杂于脑髓，脑失所养，窍机失灵而发为痴呆。肝肾亏虚、髓海不足乃发病基础，痰瘀阻脑乃病理机制，体虚夹实，虚瘀并见，瘀、痰、火为主是其发病特点。因此，治疗上“寓补于通，寓通于补，攻补兼施”。方中黑桑椹、黑芝麻、黑大豆乃“三黑饮”，与枸杞、菟丝子、何首乌同用，寓五子衍宗丸及首乌延寿丹方义在其中，能益精填髓，补肾荣脑；川芎、丹参、赤芍、桃仁、红花取桃红四物之立义，行气活血化瘀；连翘、忍冬藤散风清热解毒；石菖蒲祛痰开窍；莲子心、夜交藤清心火，开心窍，醒脑宁神。

二诊症情有所好转，继予涤痰开窍、醒脑安神为治，投以礞石滚痰祛逐顽痰。汪昂曰："礞石剽悍之性，能攻陈积伏历之痰。"佐以黄芩清上焦之火，消除成痰之因；沉香气味芳香，善于化浊开窍醒脑，又能条达气机为使药也。两药合用，降火逐痰开窍。独去大黄不用，恐其峻下伤正。石菖蒲辛温，豁痰开窍为主，醒神健脑；郁金苦寒，行气祛瘀为要，清心解郁。石菖蒲配郁金，一气一血，一温一寒，豁痰行气，相互促进，相得益彰，常用于风、火、痰、瘀并存之疾患。栀子、豆豉清热除烦，配生地黄、知母、莲子心等清心胃之热，共同祛邪开窍。

服药一月余再诊，脉象趋于和缓，病情有所缓解。餐后症情加重乃脾虚痰浊作祟，睡眠不宁乃痰蒙心窍所致，故加大健脾利湿化浊之力，方用苓桂术甘汤。方中茯苓健脾渗湿利水；桂枝通阳化气，温化水饮；白术健脾燥湿；甘草补脾益气，调和诸药。诸药合用，温运脾阳，化湿利水，阻断生痰之源，实为治本之剂。砂仁辛散温通，醒脾和胃，行气止痛；蔻仁辛温香燥，温中化湿，健脾行气止呕；前者香窜而气浊，功专于中、下二焦；后者芳香而气清，功专于中、上二焦。两药伍用，宣通上、中、下三焦之气机，以开胸顺气，芳香化浊，醒脾开胃，和中消食。在补肾健脾化痰基础上，加用煅龙骨、煅牡蛎、磁石等重镇祛痰、安定神志之药。

地黄饮子出自金代刘河间《宣明论方》，方中熟地黄、山茱萸滋补肾阴；巴戟天、肉苁蓉、肉桂、附子温补肾阳，振奋兴衰；麦冬、石斛、五味子滋补阴液，阴阳双补以治本；茯苓、石菖蒲、远志交通心肾，化痰开窍，安神醒脑而治标。全方上下并调，标本兼治，不失为长期调养治疗的良方。

本例治疗特点是“寓补于通，寓通于补，攻补兼施”。“通”，开窍之意，无论是补虚还是逐邪，最终目的是恢复清窍神明的功能。随着机体的衰老，脏腑功能的减退，尤其是脑血管病变后，肾衰与血瘀是客观存在的普遍现象，是人体衰老的重要机制，也是痴呆发生的病理基础，因此，治疗应扶正与祛邪并举，而且痰瘀同治。津血同源，痰来自于津，瘀生乎于血。痰阻则血瘀，瘀久必生痰，病理上两者互为因果，临床上又常痰瘀交结，因此，治疗必须痰瘀同治。最后脾肾双补。肾为先天之本，生命之源。脾为后天之本，气血生化之源。两者生理上相互资生，相互依存；病理上相互影响，脾肾双补优于单纯补肾或健脾。

总之，血管性痴呆的治疗原则是攻补兼施，标本同治。祛邪以化痰、祛瘀、清火为主，补虚以补肾、健脾、养心为主。当然临床运用时应分清标本缓急，有所侧重，方能获得良好疗效。

继承本草理论　指导新药制剂

多年来，谢海洲一直注重本草学的研究。他常说“有医无药医无用，有药无医药不灵”，认为方药是治疗疾病的前提，没有方药，临床恰似无米之炊，巧妇也难为之。

谢海洲酷爱本草，重视实地考察。在 20 世纪 40 年代初期，他曾追随赵燏黄老师多次到河北祁州（安国）药材市场、辽宁营口人参市场参观学习，了解药物的种植、采收、炮制、鉴定等各方面知识；也参观过四大怀药产区，到杭州笕桥了解生地黄的栽培，到四川绵阳考察大面积栽培麦冬，到灌县考察种植川芎，每次都眼到、口到、笔到，均能总结经验，写成考察文章。此外，他还参观过重庆桐君阁药厂、杭州胡庆余堂、苏州雷允上、上海蔡同德堂和北京同仁堂老式药厂等。在教学期间，他常常带领学生采集中草药，炮制、配制丸散膏丹等，提高了学生们的实际操作技能。

在谈到临床中中药的合理使用时，谢海洲强调，作为一名中医，除具备扎实的基本功之外，还要储存丰富的专业知识，这就需要学习前人的临床经验、医案医话、论著手稿、用药心得、医德逸事、验方秘方等。这些可以丰富自己的医疗实践，逐渐形成个人的经验和特点。再加上善于思考探索，发挥想象力、创造力，才能有所前进，有所发展。

关于目前对中药的合理使用，谢海洲认为问题较多，涉及面也很广。如有的心中无数，辨证不准，“撒大网”；有的不懂君臣佐使，配伍不当；也有的开大方（包括人情方），滥用补药；有的不懂药性，乱用剧毒药；有的药材品种混乱，真伪难辨，名不副实；有的成药疗效不可靠，徒有其名，或滥竽充数，等等。这些问题有的属于医务人员的问题，有的属于药材生产和药材管理部门的问题，需要大家共同努力加以解决。

谢海洲强调，只有辨证准确，才能用药恰当，才能救病人于危难之时。若误治则病必不愈，且有不测之虞，所以正确的辨证是合理用药的最可靠保证。

如治疗中风闭证，谢海洲强调切忌使用龙脑、麝香之药。正如张山雷所云："古书治卒中，恒用苏合香丸、牛黄清心丸、至宝丹等，以龙麝为开窍必需之物。不知此病，肝阳上扰，芳香疏散，反以开泄，则气火愈浮，危害更烈。误投大香大开之药，未有不自速其毙者。"

对于"呃逆"一症，谢海洲说也要区别虚实。即使由于气血津液耗伤、中气虚弱、阴亏火旺所致者，若呃声粗，尚有一定正气存在，若呃声衰微，说明正气虚弱，均需仔细辨证，不能一概而论，不能一律使用丁香、柿蒂、旋覆、代赭之类方药。对于清热解毒之药也要合理使用，此类药物多属苦寒，应用时间久了容易损伤脾胃，妨碍气血化生，所以必须详审邪正关系。一定要使用，可在清热解毒之药中配以健脾益气诸药，并应重视气血在病机转化中的重要作用。而对于某些疑难病证，如不用性质猛烈的药物则不足以治愈，如用以毒攻毒之蕲蛇、蜈蚣、全蝎等治疗外科疮疡肿毒，有故无殒之大剂附子治疗阴寒内盛、阳气衰微等。至于服用有毒药物是否有害，就要看辨证是否准确、用药是否对症了。

对于剧毒药的使用，谢海洲也有独特经验。他认为，大毒治病十去其六，其显效的毒药量与中毒量很接近，如果稍微超过一点，则很容易中毒；如果量小，就达不到疗效，因此必须在接近中毒量时才能发挥疗效。掌握剧毒药的用法用量，他认为用药应从小剂量开始，逐渐增量，直至有效。如轻粉外用杀虫攻毒，小剂量内服可泻、可利尿；砒霜外用去腐，小剂量内服可定喘、可抗贫血；马钱子、天仙子多做外用，小剂量内服，可以止痛。

谢海洲常用“九分散”治疗风湿性关节炎，特别是用其止痛。但其极量为九分，安全量为九分以内，量过小疗效不显，量过大则有中毒的可能，还要因人之体质而异。“九分散”由炙马钱子、麻黄、乳香、没药各二分五厘组成。谢海洲强调，马钱子必须经过炮制，方能发挥其散结止痛作用；麻黄温散，乳香、没药活血祛瘀，合用有散瘀、消肿、缓痛之功。谢海洲用时，将九分散分为两次量，通过临床观察，这种方法不但可靠，而且效果明显。

对于药物归经理论，谢海洲也进行了深入的研究总结。张元素首先倡导药物的“归经”和“引经报使”说，辨药性之气味、阴阳、厚薄、升降、补泻、六气、十二经及随证用药之法。谢海洲在临床应用归经理论时，除继承前人理论外，还总结出自己的很多经验。他认为，人体各部分发生病变时，所出现的证候可以通过经络获得系统认识。如症见咳嗽气喘的肺经病变，便可选治疗肺经病的药物。如若肺气不宣，见于急性气管炎、感冒初起的鼻塞流涕、咳嗽气喘，宣肺止咳可用前胡、杏仁、桔梗等。其中，前胡降气消痰，为疏散风热治咳的常用药，既可用于肺热气实之咳嗽，又可用于风热引起的咳逆喘满。杏仁入肺经，止咳平喘，因其性温，故用于风寒感冒、咳嗽气喘。凡肺气阻塞，奔迫上逆而痰多咳喘、感冒咳嗽均可用杏仁。有热者配清热药，有寒者配温化药，有表邪者配发表药。入大肠经，故可润肠通便，适用于肠燥便秘。桔梗入肺经，宣肺祛痰，用于肺热咳嗽，痰稠难咳，肺气不宣，咽喉肿痛，排脓消痈，用于肺痈痰壅或者吐脓。

对于肾虚患者的用药，谢海洲认为，肾阳

虚患者，如腰膝酸冷、滑精早泄、遗尿、小便频数、阳痿、舌淡胖、苔白、脉沉细，应选用补肾阳药物，如附子、肉桂，着重温肾祛寒。其中附子可通行十二经，尤擅温肾阳；肉桂入肝、肾、心、脾、胃经，补火助阳，散寒止痛，且温通经脉，引火归元。命门虚衰用肉桂；亡阳欲脱用附子回阳救逆。

临床中常用杜仲、巴戟天、狗脊、续断来补肝肾，强筋骨，用于腰膝酸软无力者。谢海洲解释说，杜仲补肾强腰力大；巴戟天温肾壮阳力优；狗脊能祛风湿，用于肾虚腰痛；续断续筋骨，疗折伤，通脉功胜，为治肾虚腰痛及固胎之圣药。

此外，锁阳、肉苁蓉均能补肾壮阳，润肠通便。锁阳润燥养筋，用于阳虚肢痿、足膝软弱，临床常用于各种瘫痪，如外周弛缓性瘫痪、周围神经炎、脊髓神经根炎、小儿麻痹后遗症等；肉苁蓉可补肾壮阳，用于肾虚阳痿、妇女不孕等症，因其兼入大肠，故润肠之力较优，尤以肾虚肠燥者为宜。此外，胡桃肉能补肺定喘；益智仁止遗尿，止涎沫；补骨脂刺激骨髓，促进红细胞新生；鹿茸补肾阳，益精血，强筋骨，用于肾阳不足、精血亏虚。近代研究证明，鹿茸还能促进生长发育和增强造血功能，兴奋性机能，还可用于小儿五软五迟、发育不良等症。淫羊藿温壮肾阳力大，为治疗阳痿之要药，近代医学证明有兴奋性机能、促进精液分泌作用。

谢海洲认为，研究本草除了药物本身的性味、作用外，尚不能忽视药物的组方及炮制工作。中医方剂是一个大单元，是一个整体，如同一味中药是一个小单元一样。组方配伍要与辨证有机结合，法随证立，方依法出。张景岳说："夫方之善者，得其宜也，可以法也，方之不善者，失其宜也，失其宜者，可为鉴也。"所谓得其宜者，得法之宜也。徐洄溪也指出："若夫按病用药，药虽切中，而立方无法，谓之有药无方，或写一方以治病，方虽云善，而其药有一二味与病不相关者，谓之有方无药。”由此可见，古人制方用药，务求方中有法，法中有方。量方用药，有规矩准绳，制方要通权达变，取前人经验，不落前人窠臼。古人谓方之为傲也，傲病而有力者也。正如喻嘉言所云：“凡用药太过、不及皆非适宜，而不及尚可加，太过则病去药存，为害最烈。”

谢海洲认为，在组方配伍中，除注意君臣佐使等组方原则外，还应根据治法要求，处理好五个辩证关系：

一曰散与收。“散”指发散、宣散，多指祛除外邪，宣通气机；“收”指收敛固脱、固摄气血。二者相互为用，互相制约。如虚人外感，既要祛除外邪，用荆防之辛散，又要助其正气，以芪术之甘温固表，所谓黄芪防风相畏而相使，实际上反映了扶正祛邪两种治法的作用。

二曰攻与补。“攻”为祛邪，“补”为扶正，应根据邪正斗争情况，将攻补灵活配合。两者之中，关键在于扶正。《伤寒论》中的“保胃气、存津液”，温病学中之“存得一分津液，便有一分生机”，皆在于顾护正气。正如十枣汤之用大枣，白虎汤之用粳米、甘草，小柴胡汤之用人参……每用清热解毒、活血化瘀及攻伐之剂，必适当佐以顾护正气之品。至于具体方药之多少，或补或泻，均应据证灵活掌握，唯以祛邪而不伤正、扶正而不留邪为目的。

三曰温与清。“温”指“寒者热之”，“清”指“热者寒之”。治寒以热，治热以寒，“治寒不远热，治热不远寒”，是治则之大法。但因病情复杂多变，组方配伍并非纯用寒热，而是寒热并施，温清并用。寒热错杂之证，自不待言。真假寒热之证，因纯用寒热易致格拒不受，亦需反佐一两味药性相反之品，谓之反治。根据方剂配伍及治疗的需要常宜灵活伍用寒热之剂，如左金之萸连取其相互制约、相反相成之功，或为监制他药以防其偏。这些药物虽数少而量轻，但其效用颇大，往往有出奇制胜之妙。

四曰升与降。“升”指提升，言其向上；“降”指通降，谓其向下。升降本为人体血气之正常运动，所谓“升降出入，无器不有”。若升降失常，则生化无权。故治病当调气机之升降，配伍应注意药物的升降，使气之升降相宜，调配得当，升者不可升而无制，降者不可降之太过。如眩晕一症，无论病因如何，其病机无非清者不升、浊者不降所致，故治疗应升清降浊并用。虚者，升其清阳为主，升麻、荷叶之属皆可加入；实者，降其浊气为主，重镇潜降之品皆可选用。

五曰静与动。静者言其阴柔呆滞也，属阴；动者言其行走通达也，属阳。补益之剂，尤其滋阴养血之品，易于壅塞气机，故其性多静；而宣通之剂，如行气活血通阳气之品，则多属动。组方配伍时，应注意动静结合，动中有静，静中有动。如补法最易引起脘腹痞胀、纳食欠佳等气机不畅、胃气不和之证，或郁而化火变生他疾，常宜合宣通和胃之法，佐以动药，以行其滞，宣其痞，散其壅，故补气常佐以行气，补血常佐以活血；养阴注意助阳化气，温阳注意阴阳互根，才能补而不滞，滋而不腻，阳生阴长，能生能化。谢海洲临证尤其喜用羌活一味，该药极具宣通气机、促进生化之力，用补益之法时均可佐入，甚得其益。亦应注意动中有静，通中有补，防止用过，伤其正气。

谢海洲认为，这五个关系相互渗透，相互联系，其间含有丰富的辩证法思想，可补君臣佐使之不足。组方配伍时若能处理妥当，对提高辨证论治水平必有帮助。

此外，他还强调临证选药务使精当，推敲玩味，始能切中病情，制方在于常法之中，选药要有独到之处。在应用活血化瘀法时，常将伤科常用之刘寄奴、鬼箭羽、苏木、泽兰等用于内科，效果颇佳。在应用扶正固本法时，常用胡桃肉、黑芝麻、补骨脂、龙眼肉等平和温润之品补肾益脑而收功。在辨证论治指导下，他还常常运用现代药理研究成果。如血小板减少症常合用一些有升血小板作用的药物，如连翘、何首乌等；粒细胞减少症应用较大剂量的鸡血藤等；真性红细胞增多症应用桔梗、远志、紫菀等。这些药物的应用一般并不违背中医理论。

为了使脏腑辨证及药物应用融为一体，有益于临床工作，谢海洲对张元素《脏腑标本药式》进行了初步探讨。该书原本虽已亡佚，但在明代李时珍《本草纲目》中记录下来了。张元素的弟子李东垣、王好古等人师其法，于他们的著作中亦可见一斑。其后，张山雷纂辑了《脏腑药式补正》，按脏腑分类用药作了系统的理论概括，言简意赅，切于实用。谢海洲注意将古人用药经验证之于临床，察之于古，验之于今，努力取得直接的体验。

谢海洲在晚年仍非常关心中药的传统研究及继承发展问题。他认为，中药内容丰富，剂型多样。中医治病多采用汤剂，汤剂目前包括传统饮片与颗粒冲剂（免煎制剂）。当前的饮片仍需完善，要精制，继承传统要提倡精品饮片。他强调，免煎制剂还应进一步研究，一时还很难全部取代传统方法，因为患者还未充分认识此种制剂，这需要一定时间，而产品的完善也需要有一个过程。

谢海洲认为，对中药制剂总的要求是安全、有效、可控、稳定，而质量则要达到“三效”，即高效、速效、长效。此外，还要“三小”、“五方便”，即剂量小、毒性小、副作用小；方便生产、方便储藏、方便运输、方便携带、方便服用。

谢海洲强调，中药现代化的研究刻不容缓。

加快中药现代化包括中药新产品研究开发现代化、中药生产工艺现代化和中药系列标准的制订等。近年来，大批新成药不断通过鉴定投放市场，与传统中药争奇斗艳，是一件好事。但是传统中成药如温病三宝、六神丸等可以历经数百年而疗效不衰，而新成药有的问世仅仅数年即烟消云散，保留下来的很少，甚至可以说屈指可数。因此他认为，应该一方面大力恢复传统，一方面还要对新成药、新剂型不断加强临床研究，反复验证，逐渐扩大生产。任何一种新事物、新剂型问世都不可草率行事，更不能单独追求利润而不顾及其他。

养生有妙法　亲身获奇效

谢海洲年逾古稀，仍头脑清晰，思维敏捷，动作灵活，记忆力强。常有人问他：有什么秘诀可以把身体调养得这么好？他回答说：养生方法重在“坚持锻炼，有好的心情”。谢海洲清晨散步，适当运动，打太极拳，练八段锦、五禽戏，保健按摩等坚持不懈，而且主要是心情豁达，随遇而安，少欲静心，不计名利，不慕荣华，以财为草，以身为宝，为人谦和，宽宏大度，长乐无求，因而健康长寿。

谢海洲曾在60多岁时患有冠心病心绞痛，初期症状好似胃病，继而时常出现酸、沉、麻、闷、胀、痛等。初期诊断为“左心缺血劳损”，继而出现“不完全性右束支传导阻滞”，之后又发展为“完全性右束支传导阻滞”。为此，谢海洲曾一度精神抑郁。是得过且过，了此一生，还是战胜疾病，干一番事业？他辗转反侧，最后终于下定决心，绝不能被疾病所吓倒。于是他为自己制订了锻炼计划，锻炼由简单到复杂，由少到多。他出院后一直坚持锻炼，用药逐渐减少，直至最后停药。此后20年，病情基本未见反复，多次心电图检查大致正常，侧支循环建立，心脏病无明显恶性发展，血压稳定，且常年很少感冒。他说：锻炼贵在坚持，不管天气变化如何，即便刮风、下雨、降雪，也要在走廊、公园避风处坚持锻炼，每次半小时到一小时。

他对健康的体会是：运动锻炼，饮食调理，精神调护，顺应自然。

谢海洲说：锻炼贵在坚持，只要风雨无阻，持之以恒，长久定会受益。如若辍练几日，反而会感到身体不适。初始锻炼的朋友可于每年的春季开始，锻炼强度由小到大，由简至繁。

对于饮食，他荤素杂食，搭配得当，坚持“早上吃得好，中午吃得饱，晚上吃得少”。他长期晚餐坚持六七分饱，他说：吃得过饱就会睡眠不好，甚至胃部胀满，胃气上逆。“吃得好”的同时还要保持大便通畅。大便通畅，食欲才能正常。情绪饱满、不生气、不着急、心情舒畅是健康长寿必不可少的。

谢海洲非常重视饮食的作用，认为饮食与药物对维持人体健康缺一不可。药物有祛除病邪、补益正气的功效，饮食同样有扶助正气、祛病延年的功效。我国自古认为食物有药食双重性质，即“药食同源”。本草文献中也载有大量食物，可以认为食物也是中药的一部分。本草学对食物、药物有相似的表述，食物与药物并没有绝对界限。从狭义上讲，蔬菜瓜果、肉禽蛋鱼之类系常用膳食，具有医疗保健功效；从广义上看，凡滋助脾胃、补益正气、健身强体之品，皆可谓“药”。丁香、小茴香、肉桂、草果、生姜、干姜、八角、茴香等既是调味佳品，又是散寒、醒脾之药；羊肉、牛肉、猪肉、狗肉、鱼、蛋等既是美味佳肴，又是滋补之品；海蜇、昆布、海藻等既是可口的海味，又是软坚散结之药。诸如此类，不胜枚举。利用食物防病治病，就地取材，简便易行，实惠经济，既无苦口之味，又无毒副作用之弊，人乐于食而有祛病防病之效。

中医学的饮食疗法贯穿着养生和防病的思想，体现着辨证施治的特点，讲究食物性味，注意饮食禁忌，把人体与周围环境，尤其是自然气候条件的变化密切联系起来，提出了调配饮食要注意四时季节的见解。谢海洲历来重视食疗，强调保健。其内容十分丰富，是中医临床治疗、祛病养生、益寿延年的重要方面。

谢海洲很喜欢将食物作为药用，在少药的时候以应急需，或让病人日常服用，以养正而达祛邪之目的，养人正气以为安身之本，并将其作为辅助疗法，以增强药物疗效。孙思邈在《备急千金要方·食治》篇中说："夫为医者，知其所犯，以食治之，食疗不愈，然后命药。"因此，凡病情轻浅者，谢海洲认为可以先考虑食疗。

谢海洲认为，药物有升降浮沉、寒热温凉之性和酸苦甘辛咸之味。饮食也有四气五味之别，各有所归，以养五脏。饮食五味之用，有散、收、坚、软、缓、润、躁的不同，而五脏之欲各异，气味合而服之。饮食的性味作用与五脏的生理、病理是息息相关的。如果饮食失宜则可导致疾病的发生。进食必须结合五脏的属性及食物性味和特点，不可乱施杂给，也不可投其所好，应辨证配餐施治为要。

饮食疗法是老年人保健、益寿行之有效的方法之一。如抗衰老之法为：阴虚者选用枸杞、核桃、甲鱼、桑椹等；阳虚者选用鹿茸、鹿角胶、羊肉、狗肉、鹿肉、冬虫夏草、蛤蚧、栗子等；气虚者选用大枣、山药、白扁豆、白术、黄精、蜂蜜、人参等；血虚者选用阿胶、何首乌、黑芝麻、龙眼肉、牛羊肉、扁豆、燕麦、桑椹等；活血的还有山楂、红花、三七等。

对于老年人来说，饮食调节好之后，睡眠也一定要充足，一觉睡到大天亮最好。老人容易早醒，所以必须早睡才行。如果晚上九点到十点入睡，早上五点到六点起床，大致可睡足八小时。一般而言，老年人晚上熟睡六小时即可解乏，不足量可在中午补充半小时至一小时。

谢海洲特别重视四季阴阳交替变化，认为这是顺应自然养生的重点。他在养生实践中按照前人及自己的经验，总结出以下四季养生之法：

四季春为首，春比喻生机。《素问·四气调神大论》云："春三月，此谓发陈，天地俱生，万物以荣……"就是讲，春季为正二三月，按节气，春季当从立春日始至立夏前一日止。春天阳气上升，万物发育，欣欣向荣，此时宜开始锻炼身体，起初缓缓散步，举动和缓，以应春气，以求神定而志安。春季因为刚刚转暖，最容易感冒。民间有“春捂秋冻”之说，意思是乍暖还寒时节，要逐渐适应气候季节的变化。医书上还说“冬不藏精，春必病温”，是说冬天如果没有很好地注意，虽然当时没有出现大病，但不等于没事，春天开始时有发作的可能，一般都是温热病——感冒、发烧、周身不适、咳嗽、乏力、不欲饮食、恶心、呕吐等。

谢海洲幼年生活在农村，农村老年人常常告诫年轻人应注意下半身保暖，具体是天冷加衣服时先穿棉裤，后穿棉袄。在城市，人们的生活习惯却正好相反。两相对照，前者更合乎保健要求。因为风寒从下侵袭，如下半身保暖不好，很容易患泌尿系感染，从而形成习惯性，甚至带病终生。泌尿系感染也是“感冒”的一种，感冒很容易治好，但却不能保证不再犯。一旦形成习惯性，下次感冒着凉还会发生泌尿系感染。所以农村老年人冬天先穿棉裤是有道理的。到了春天，则要先脱棉袄，后脱棉裤，这也是有科学道理的。另外，在阳气生发的季节，饮食要清淡，不宜大量食用油腻、油煎的食品。水果宜食用甘蔗、荸荠、樱桃、橘子等，取其清淡、甘凉，防止积热在里。

四季之中夏为万物生长繁茂之时。《素问·四气调神大论》云："夏三月，此谓蕃秀，天地气交，万物华实，夜卧早起，无厌于日……此夏气之应，养长之道也。"大意是讲，夏季是指四五六月。按节气，夏季应该从立夏开始，到立秋前一日止，万物生长，茂盛华美。夏日昼长，养生者宜早起锻炼，不宜懒惰，以适应夏季生长的节气。民间有"夏练三伏"之说，参加体育锻炼的人，即使在炎暑的三伏天也不要停止，这样才能长功夫。坚持很重要，锻炼要循序渐进，不可懈怠。

夏季炎热，常遇暑热兼湿之候，肌肤腠理开泄，汗出得也多，人们喜欢吃生冷、寒凉的食物。如果冷饮吃得太多，就会伤到脾胃。因此，夏季切忌过食生冷，少食油腻厚味、煎炸炙煿之物，应多食甘寒、利湿、清暑、少油之品。

有慢性病的人此时尤其应该注意。如果是患心血管疾病的人，炎热季节绝对不可以满不在乎，因为患感冒也可能由肺传至心脏。“感冒”可作为万病之源，所以应注意预防感冒。

至于运动锻炼，方式很多。如散步有助于养心安神，帮助消化，活动关节，疏通气血，不可因为炎暑酷热而中止。再如太极拳，这是适合老年人生理特点的锻炼项目。其动作圆活，动中有静，静中有动，刚柔相济，动作如抽丝，做时眼随手转，步随身换，其活动特点是适合大脑休息。运动时呼吸深长，有利于锻炼呼吸肌，改善肺活量；能增进食欲，减轻骨与关节的僵硬程度。

“夏日炎炎正堪眠”，是说夏季天热，暑湿较重，人多喜卧喜眠。但此时更要振作精神，多多运动，将体内暑湿之气排出。

《素问·四气调神大论》云：“秋三月，此谓容平，天气以急，地气以明，早卧早起，与鸡俱兴，使志安宁，以缓秋刑，收敛神气……此秋气之应，养收之道也。”秋天天气干燥，气候逐渐变凉。按照中医说法，秋季相对应的五脏为肺，此时应该平补，防止咳嗽。秋气肃杀，万物收敛，要神志安宁，以避免肃杀之气，而且肺金清净，逆之就会伤肺，出现咳嗽痰喘。又由于肺与大肠相表里，如果饮食不适，就会出现完谷不化的泄泻。

秋季万物萧瑟，应注意心神调护，使精神愉快，衣服逐渐增加，防止感冒。天气干燥的秋天常有凉燥之气，由于气候凉爽，人们喜食葱姜等辛温之物。但辛温太过，则易伤肺气，导致咳嗽等肺系疾病，因而秋季切忌过食煎炸炙煿之品，应多食润燥生津、润肺止咳和润燥通便之品。

润燥生津可用玉竹煲汤。玉竹养阴润肺，凡是老年人伤阴，以致咳嗽、口渴、虚热、消渴可常服。润燥止咳可服百合。百合可煮粥，可做菜，可制羹，也可做汤。百合具有润肺、养阴、宁心功能，对体虚肺弱、慢性支气管炎、支气管扩张、肺结核和咳嗽、咯血者，亦食亦药，是适宜的食疗佳品。

润燥通便可用生何首乌 20～30g 克煎服，或用芝麻 30g，胡桃肉 30g，加蜂蜜服用。年老体虚、阴液不足者可经常服用。

由秋而冬，天气由凉而冷，养生者必须保持足够的阴津，因此需要常服润燥生津之品。秋季应重视阴津的必要性，只有阴足，才能阴生阳长，辅助以食疗，使秋冬安适，翌年春初即不至生大病。

《素问·四气调神大论》谓:“冬三月，此谓闭藏……早卧晚起，必待日光……去寒就温，无泄皮肤，使气亟夺，此冬气之应，养藏之道也。”大意是说:冬三月，谓十、十一、十二月，按季节当自立冬日始，至立春前一日止，为万物潜伏闭藏的季节，人们不要扰动阳气，避免严寒，保持温暖，不要使皮肤开泄出汗，而使闭藏的阳气受到影响，这是冬天养生的道理。

冬日以收藏为好。老年人体弱，命门火衰，难御风寒，此时当食热性食物，以补为主，可多食些鱼、肉、鸡和肝等食物，也可配用补品，使气血体魄增强，但遇感冒时宜停服。

冬令进补在我国已经是传统习惯了。冬季为藏蛰之令，此时服些补药可增强肾脏的藏精功能，使肾气、肾精旺盛，体力增强，提高正气的抗病能力，达到来春不生或少生温热病。

另外，可使年幼者健康生长发育，老年人益寿延年。冬令进补的习惯在北方地区也以饮食为主或者药食并用，如涮羊肉，羊肉即为很好的补肾药食。

许多地方有冬季服膏方的习惯，如北京、天津和江南的一些地区，喜欢立冬前制备膏滋药以补益中老年人某些方面的不足。一般冬至日起至翌年立春止，温开水一杯，将膏滋药溶于水中，大约15ml，每日2次，饭后服。中老年体弱多病者可有针对性地服用。翌年春初服完后，可自觉体力恢复，面色红润。连服3年，一般虚弱者即可转弱为强。

谢海洲经常对病人说，抗衰防老应从中年做起。老年人应克服心老，保持情绪愉快，适当消遣，调节饮食，经常运动，以中庸之道防治疾病。这样就可以强身健体，益寿延年。

教学带徒弟　桃李满天下

早在20世纪50年代初，谢海洲就从事中医药的教学工作，他培养的本科生、研究生、中专生、进修生和西学中医生遍布海内外，其中研究生20名，他们都已经成为中医药事业的骨干。

20世纪50年代初，伤寒学家陈慎吾约谢海洲为其主办的汇通中医学校担任本草方剂的讲师，谢海洲有幸聆听陈慎吾主讲的《伤寒论》达三四遍之多。陈慎吾讲课见解独到，不拘于注家之说，前后呼应，左右逢源，融会贯通，并采用类证、类方、类病等归类方法，条理有序，一目了然，易学易记，又易于应用。后来谢海洲将这种方法应用于自己的读书和教学，也颇有效验。

培养中药人才、创办中药专业是谢海洲多年的夙愿。谢海洲的老师赵燏黄先生几十年的工作追求就是研究中药，培养人才。谢海洲脑子里也充满了这种想法和追求。1949 年以前，北平市药学讲习所的中药课程由赵燏黄讲授，后因他年事已高，体力不支，又是晚间上课，故由谢海洲代讲。1956 年，五所中医学院创立，已调入北京中医学院的谢海洲担任中药教研室副主任，主讲中药课程。其后北京中医学院的黄开云院长多次征询谢海洲的意见，准备办一个中药研习班，并派他到外地进行调查研究。

1958 年，在谢海洲的努力下，北京中医学院终于办起了中药研习班，学员多为西医院校高年资讲师、中专药学专业教师、药厂药剂师及部队药剂主管人员。在谢海洲的指导下，学员们边学习传统中药学，边研究，边整理。不到两年的时间，他们就编写了中药文献索引三厚册，还对制剂的炮制进行研究，写出十数篇论文。在教学期间，谢海洲除了课堂上讲授中药的系统知识外，还带领学员进行现场实习和市场调查。在他的努力下，四川南充种植场的刘式乔药剂师、河北农业厅仲坚药剂师分别为他们讲述了南、北方主要药材栽培现况，中国医学科学院药物植物研究所的刘铁城研究员讲述了有关药用植物园的设计内容，萧培根研究员讲述了药用植物分类学。一系列的教学活动不仅使学员学到了理论知识，还对药物有了更直观、更深刻的认识。

谢海洲身材魁梧，讲课声音洪亮，条理清晰，重点突出，深入浅出，旁征博引，生动有趣。听过他讲课的人无不交口称赞。他讲中药，不是干巴巴地只讲中药的性味归经、升降浮沉及临床应用，而是旁征博引介绍诸多相关药物知识和故事。有一次讲到合欢花药的时候，他顺口吟道："盘陀山上有奴家，郎若闲时来吃茶。黄土筑垣茅盖屋，门前一树马樱花。"多么美的意境啊！"马樱花就是合欢花，记住了吧？"他诙谐而又有板有眼地笑着说。当时的情景很多学生至今仍记忆犹新。

除了课堂讲授，谢海洲还带领学生实地采药、认药。他经常带学生去北京西郊的天泰山和八达岭长城内外采药。短短数周的采药、认药实践，不但让学生认识了很多鲜活的药用植物，那爬山寻药的经历和采集的标本更为后来的中药教学提供了实物教具和讲授内容。

谢海洲不但培养了大批国内优秀中药人才，还培养了很多国外学员，促进了中医药的国际交流与合作。例如，朝鲜民主主义人民共和国就曾派三名学员来北京学习了两年中医药学。他们回国后都从事了本国的中医药科研及技术工作。

在谢海洲的努力下，1960 年，北京中医学院开始招收中药本科生，并开始草创炮制制剂教研组。

1972年～1974年，中医研究院创办西学中高级班，祝谌予任教务长，谢海洲参加了中药方剂课的教学及实习，并担任临床导师。1975年，谢海洲被分配到中医研究院（现中国中医科学院）广安门医院工作，到去世前一直在广安门医院从事临床、教育、科研工作。

谢海洲是一位平易近人、和蔼可亲的长者。他教学循循善诱，耐心指导，有问必答，有求必应，不但关心学生的学习、工作，而且对学生的生活、家庭等各方面都关怀备至。当年到广安门医院进修的河北巨鹿小伙子刘恒均，家境贫寒，生活拮据。谢海洲多次资助，帮助他完成了学业。谢海洲对学生像对自己的孩子一样关怀备至，耐心提携，成为美谈。

谢海洲曾专门学过两年日语，他非常乐于帮助同道翻译或做编写工作。他曾帮助叶橘泉教授翻译日本药学专刊《代谢》，帮助刘寿山教授编写《中药研究文献摘要》一至四卷。这样的例子比比皆是。

为适应中药事业发展，谢海洲与张炳鑫、杨光等人四处奔波，克服了种种困难，创办了北京市中药职工中等专业学校，为在职中药职工进行中药知识的系统培训，先后培养1800多名中药专业人员，其学生遍及北京市各系统的中药生产、经营和医疗单位，现多已成为技术骨干或担任了领导职务。真可谓园丁呕心沥血，桃李满园争春。

2004年，在庆祝谢海洲从医60年的学术研讨会上，众多同道、朋友、学生济济一堂，为谢海洲祝贺。事后，谢海洲将收到的礼金、礼物加上自己的5万元钱一起捐给了中国中医研究院。在中国老教授协会成立15周年之际，为了表彰发挥余热、始终坚持为老教授服务的谢海洲，该会向他颁发了“老教授科学和技术工程优秀奖”，并发奖金2000元。他又将全部奖金捐给了希望工程。此外，谢海洲还向中国中医研究院、北京中医药大学、广安门医院三家图书馆捐书2000余册。

很多人以为谢海洲这样慷慨助人，他家里一定很有钱。其实不然。去过他家的人都知道，谢海洲的家里没有什么像样的电器和家具，他的生活非常俭朴。他的学生说：谢老师家里并不富裕，师母身体还不好。学生们曾劝他把钱都存起来，日后为师母看病，但他执意不肯。直到逝世前夕，他家住的还是国家早年分配给他的老房子。谢海洲常说：“家里的事情自己想办法解决。我是穷学生出身，深知穷学生求学的艰辛，为他们做一些我能做的事是应该的。”他的话与他的人一样，总是那么简单朴实，却总让人觉得很温暖、很真诚。一位记者从谢海洲手中接过其发表的论文目录时惊异地发现，长长的论文目录竟写在三四张已经用过的信封背面。谢海洲的慷慨和俭朴形成了很大反差，只不过前者是对别人，而后者是对自己。

谢海洲晚年患了癌症，医院领导、家人、朋友和学生们都劝他好好休息，调养身体。可他却说：来看病的很多是外地人，且大多是家境不富裕的普通老百姓，他们来看一次病很不容易。自己身体事小，病人事大。医生是为病人活着的，只要一息尚存就要为病人尽一份力。这正如他在从医60周年学术研讨会上所说的："一息尚存，不愿休闲，自觉奋蹄扬鞭，继续奉献。"就在住院的当天，他仍强忍痛苦，坚持出门诊。在病人面前，他依旧谈笑风生，劝病人好好治疗，安心养病，而他自己却被病痛折磨得额头上渗出了汗珠。侍诊抄方的学生看在眼里，痛在心上，偷偷抹着眼泪。那天直到晚上六点，送走了最后一个病人，谢海洲才在学生们的护送下住进医院。那间宽敞的诊室从此便失去了它的老主人。

谢海洲的一生是游于杏林医海、钻研学问的一生；是远离仕途名利、悉心从医的一生；是教育英才、探索创新的一生。“高山仰止，景行行止”，他给我们留下的是人之模范，医之楷模。

（撰稿人　张华东　于志谋　殷海波
杜　辉　陈　祎　黄梦媛）

《中华中医昆仑》丛书 150 位医家名录

（按生年排序）

张锡纯	丁甘仁	萧龙友	王朴诚	恽铁樵
曹炳章	冉雪峰	谢　观	施今墨	汪逢春
孔伯华	黄竹斋	吴佩衡	蒲辅周	陈邦贤
李翰卿	李斯炽	姚国美	陆渊雷	张泽生
时逸人	张梦侬	叶橘泉	王聘贤	陈慎吾
邹云翔	赵炳南	承淡安	余无言	刘惠民
岳美中	沈仲圭	秦伯未	赵锡武	韦文贵
程门雪	黄文东	赵心波	董廷瑶	吴考槃
章次公	石筱山	陆南山	张赞臣	李聪甫
刘绍武	陈存仁	朱仁康	陆瘦燕	姜春华
韩百灵	高仲山	李克绍	王鹏飞	刘春圃
金寿山	哈荔田	何世英	周凤梧	干祖望
关幼波	王为兰	任应秋	罗元恺	祝谌予
杨医亚	郭士魁	何时希	耿鉴庭	俞慎初

裘沛然	顾伯华	江育仁	邓铁涛	门纯德
刘渡舟	尚天裕	朱良春	李玉奇	程士德
尚志钧	赵绍琴	董建华	米伯让	李辅仁
张珍玉	班秀文	颜正华	于己百	颜德馨
路志正	方药中	王乐匋	黄星垣	谢海洲
余桂清	何　任	王子瑜	程莘农	陈彤云
焦树德	张作舟	张　琪	李寿山	张镜人
王绵之	方和谦	印会河	王玉川	蔡小荪
李振华	马继兴	王嘉麟	宋祚民	刘弼臣
王雪苔	刘志明	吴咸中	李今庸	任继学
裴学义	王宝恩	周霭祥	贺普仁	唐由之
赵冠英	许润三	金世元	陆广莘	刘柏龄
徐景藩	吉良晨	吴定寰	沈自尹	王孝涛
张灿玾	周仲瑛	强巴赤列	张代钊	李经纬
郭维淮	柴松岩	苏荣扎布	陈可冀	李济仁
夏桂成	郭子光	巴黑·玉素甫	张学文	陈介甫